Ketogene Ernährung

Genussvolle ketogene Rezepte gegen Lipödeme

Inklusive Massageanleitung, Trainingsempfehlung und Wochenplaner mit Einkaufsliste

1. Auflage

WirmachenDruck.de
Sie sparen, wir drucken!

Vorwort

Lipödem, ein Wort, das nicht nur beim Aussprechen schmerzt. Doch es gibt viele Möglichkeiten Lipödemen entgegen zu wirken. Wenn es um die Ernährung geht, fallen immer wieder die isoglykämische sowie die ketogene Ernährung in Betracht.

In diesem Buch wird die ketogene Ernährung durch schmackhafte Rezepte nicht nur ihrem Körper sondern auch ihrem Gaumen gut tun. Im Gegensatz zu der isoglykämischen Ernährung bietet die ketogene Ernährung den Vorteil, dass normale Ernährungstabellen einen Maßstab setzen können. Bei der isoglykämischen muss durch die Beschaffenheit des Körpers sowie des Stoffwechsels immer ein individueller Plan erstellt werden um die richtigen Angaben finden und nutzen zu können.

Bei der ketogenen Ernährung werden die Kohlenhydrate zu Anfang sehr stark reduziert. Durch die Reduktion der Kohlenhydrate ist der Körper gezwungen seine Energiequelle umzustellen und an die Fettreserven zu gehen. Durch diesen Prozess möchte man erreichen, dass der Körper Fette nicht abspeichert sondern sogleich in Energie umwandelt. Ein weiterer positiver Nebeneffekt dürfte der niedrige Insulinspiegel sein, der dazu führt, dass ihre körperliche sowie geistige Leistungsfähigkeit steigt.

Bitte sprechen Sie eine ketogene Ernährung immer mit ihrem Arzt ab!

Damit Ihnen die Zubereitung der richtigen Energiequellen leichter fällt, empfehlen wir Ihnen dieses Buch. Sie finden hier bis zu 60 Rezepte für Frühstück, Mittagessen, Abendbrot und Snacks.

Viel Spaß beim Kochen und guten Appetit.

Inhaltsverzeichnis

Das richtige Training und weitere Tipps

Zur Fettverbrennung empfiehlt sich Ausdauertraining und Hypertrophietraining für den Muskelaufbau.

Zur Ausführung von Ausdauertraining können Sie anfangs 30 Minuten auf den Stepper gehen, schwimmen oder andere ausdauernde Betätigungen ausführen. Am Besten ist es, wenn Sie sich eine Betätigung aussuchen, die Ihnen Spaß macht.

Für den Aufbau von Muskulatur können Sie sich in einem Fitnessstudio in Ihrer Nähe anmelden. Dies ist aber nicht unbedingt nötig. Genauso gut funktionieren auch Übungen mit dem eigenen Körpergewicht. Darunter Sit Ups, Liegestützen mit den Knien auf dem Boden, Planken, Kniebeugen oder schwimmen auf dem Bauch liegend. Wenn Sie sich zu müde für das Training fühlen, beginnen Sie einfach mit Übungen nach denen Sie sich fühlen.

An dieser Stelle möchte ich Sie bitten sich über die richtige Ausführung der Übungen zu informieren.

Insgesamt empfiehlt es sich als Anfänger 2x pro Woche mit Krafttraining und 1x pro Woche mit Ausdauer Training zu beginnen.

Genauso wichtig ist es, dabei genug Wasser zu trinken. Mindestens 2 Liter pro Tag. Allein dadurch wird der Kalorienverbrauch des Körpers im Schnitt um 100 Kalorien angehoben.

Essen Sie ebenfalls ausreichend Proteine, die Sie sättigen und die Kohlenhydrate ersetzen.

Und ganz wichtig: Vermeiden Sie Stress und schlafen Sie ausreichend.

Beginnen Sie einfach regelmäßig mit dem Training und der Spaß sowie die Belohnung kommt von ganz alleine.

Der Meal-Prep Wochenplaner

Mit einem Plan kommt man nicht nur deutlicher leichter durchs Leben sondern auch durch eine Diät. Aus diesem Grund möchten wir Ihnen an dieser Stelle einen Wochenplaner aushändigen. Klicken oder kopieren Sie einfach auf den Link und Sie können den Plan downloaden.

Anhand des Wochenplaner können Sie auch Ihre Gerichte vorkochen und abgepackt in den (Tief)Kühlschrank stellen. So haben Sie immer die etwas gesundes dabei und werden nicht so schnell schwach. Wenn Sie sich etwas Süßes gönnen möchten, werfen Sie einen Blick auf die Nachtischrezepte.

Viel Erfolg!

Hier geht es zu Ihrem Wochenplaner:

https://cutt.ly/noEb2X (in Groß) – Auf nächster Seite in klein.

MEIN WOCHENPLANER

WOCHE:

	FRÜHSTÜCK	MITTAGESSEN	ABENDESSEN	SNACKS
MO				
DI				
MI				
DO				
FR				
SA				
SO				

EINKAUFSLISTE

Massage zur Selbstbehandlung

Die Massage dient nicht nur in Kombination mit Kompressionswäsche hilfreich und unterstützend, Sie führt auch einzeln zu einem verbesserten Lymphabflusses, Freimachung der zentralen Abflusswege sowie der Entstauung.

Legen Sie sich flach und bequem auf den Rücken. Die Finger sollten möglichst flach beim Schlüsselbein liegen. Verschieben Sie die Haut in kreisenden Bewegungen. Diese Übung 5 mal auf jeder Seite wiederholen. Pro kreisende Bewegung zählen Sie bis 10.

Wiederholen Sie die Vorgehensweise ebenfalls am seitlichen Hals, bitte nicht drücken sondern leicht schieben.

Wandern Sie vom Hals zu ihrem Bauch hinab und verschieben Sie die Bauchhaut seitlich ihres Bauchnabels kreisförmig wie zuvor am Hals und Brustkorb.

Streichen Sie danach für 5 mal 1 Sekunde lang über ihre Leiste und fahren Sie in Kreisförmigen Bewegungen über ihre Lymphknoten.

Atemübung zur Selbstbehandlung

Die Atemübung empfiehlt sich nach der Massage und Lockerung der Abflusswege.

Legen Sie ihre Hände übereinander auf ihren Bauch.

Atmen Sie langsam und tief durch ihre Nase ein.

Amten Sie durch ihren Mund kräftig aus, schließen Sie ihre Lippen dabei bis sie leicht flattern, ähnlich der Lippenbremse.

Diese Übung wiederholen Sie 5 Mal. Wichtig ist sich dabei nicht anzustrengen sondern es entspannt zu schaffen.

Enststauungsgmynastik zur Selbstbehandlung

Für die Entstauungsgymnastik sollten Sie auf jedenfall ihre Kompressionswäsche tragen.

Stellen Sie sich aufrecht hin und lassen Sie ihre Schultern kreisen.

Heben Sie ihre Arme dazu und lassen Sie diese mit kreisen.

Legen Sie die Hände in den Nacken und bewegen Sie die Ellenbogen kreisend.

Die Hände auf die Hüfte auflegen und die Ellenbogen weiter kreisen lassen.

Winkeln Sie ihre Arme an und führen Sie ihre Ellenbogen zusammen. Die Oberarme liegen hierfür am Rumpf ihres Oberkörper an. Drehen Sie ihren Oberkörper in dieser Haltung 5 Mal zu jeder Seite.

Legen sie sich anschließend flach auf den Boden.

Heben und senken Sie ihr Becken.

Fahren Sie mit ihren Beinen Fahrrad in der Luft, dafür können Sie zur Abstützung die Hände unter ihr Gesäß packen.

Begeben Sie sich in die Seitenlage und heben und senken Sie ihr gestricktes Bein 10 Mal, wechseln Sie die Seite und wiederholen Sie die Übung.

Stellen Sie sich bequem hin und Marschieren Sie auf der Stelle.

Gehe Sie tief in die Hocke und wieder hinauf 5 Mal, danach Marschieren Sie wieder auf der Stelle bis Sie sich entspannt fühlen.

Ketogenes Frühstück

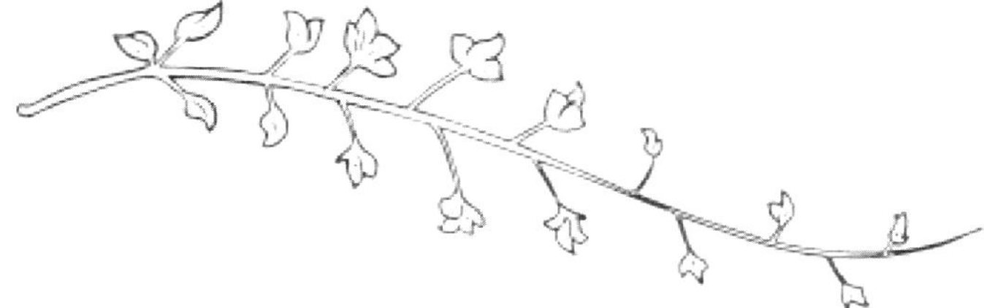

Omelette mit Speck

Zubereitungszeit: 15 Minuten **Schwierigkeitsgrad:** leicht

Zutatenliste für 1 Portion:

200g Pfifferlinge, 1 Frühlingszwiebel, 75g Speckwürfel, 3 Eier,

2 EL gehackte Petersilie, Salz, Pfeffer

Zubereitung:

1. Die Pfifferlinge mit einem Pinsel reinigen. Die weichen Stiele entfernen und die Pfifferlinge bei Bedarf kleiner schneiden.

2. Die Frühlingszwiebel in Ringe schneiden, waschen und abtropfen lassen.
3. Den Speck in einer heißen Pfanne anbraten.

4. Die Frühlingszwiebel und die Pfifferlinge kurz mit braten.

5. Die Eier mit der Petersilie, Salz und Pfeffer vermischen.

6. Die Eiermaße über die gebratenen Zutaten geben und bei niedriger Hitze das Ei stocken lassen.

7. Das Ei wenden und von der anderen Seite ebenfalls kurz garen.

Avocado Thunfisch

Zubereitungszeit: 15 Minuten **Schwierigkeitsgrad:** leicht

Zutatenliste für 2 Portionen:

2 Avocados, Salz, Pfeffer, Chiliflocken, 2 EL Limettensaft,

1 Zwiebel, 120g Thunfisch aus der Dose

Zubereitung:

1. Die Avocado halbieren, den Stein heraus lösen.

2. Den Thunfisch in eine Schüssel geben.

3. Die Zwiebel schälen und klein hacken.

4. Den Limettensaft mit dem Salz, Pfeffer und den Chiliflocken unter den Thunfisch mischen.

5. Den Thunfisch in die Avocado füllen.

Brötchen

Zubereitungszeit: 15 Minuten **Schwierigkeitsgrad:** leicht

Zutatenliste für 4 Portionen:

5 EL Flohsamenschale, 250ml Mandelmehl, 2 TL Backpulver,

1 TL Salz, 250ml Wasser heiß, 2 TL Apfelessig,

3 Eiweiß, 2 EL Sesamsamen

Zubereitung:

1. Den Backofen auf 180°C Umluft vorheizen.

2. Die trockenen Zutaten vermischen und das heiße Wasser mit dem Handmixer gut einrühren.

3. Die Hände mit etwas Öl befeuchten und aus dem Teig 6 Bälle formen.

4. Die Bälle auf ein Backblech mit Backpapier geben und etwas andrücken. Mit einem Messer ein Kreuz einritzen auf der oberen Seite der Brötchen.

5. Die Brötchen mit Sesam bestreuen und für 50-60 Minuten backen.

Holland Ei

Zubereitungszeit: 15 Minuten **Schwierigkeitsgrad:** leicht

Zutatenliste für 1 Portion:

150g Spinat frisch, 1 EL Butter, 2 Eier pochiert, 1 Avocado,

2 Eigelb, 1 EL Zitronensaft, Salz, Pfeffer, Prise Muskat,

2 EL zerlassene Butter

Zubereitung:

1. Das Eigelb mit dem Zitronensaft, Salz und Pfeffer in einen Mixer geben und 5 Minuten mixen. Die zerlassene Butter langsam hinein laufen lassen.

2. Den Spinat waschen und in einer Pfanne anbraten.

3. Die Butter sowie Salz und eine Prise Muskat zum Spinat geben.

4. Den Spinat auf einen Teller geben, die pochierten Eier darüber und die Sauce drauf verteilen.

Chia Latte

Zubereitungszeit: 10 Minuten **Schwierigkeitsgrad:** leicht

Zutatenliste für 2 Portionen:

250ml Rotbusch Tee, 100ml Mandelmilch, 100ml Kokosmilch,

1 TL gemahlene Nelken, 1 TL Zimt,

1 Prise Vanille, 2 TL Honig

Zubereitung:

1. Den Tee mit 250ml kochendem Wasser aufgießen und 8 Minuten ziehen lassen.

2. Die Milchsorten in einen Topf geben und erhitzen. Die Gewürze hinzufügen und alles mit einem Milchschäumer aufschäumen.

3. Den Tee auf 2 Gläser aufteilen und die aufgeschäumte Milch darüber geben.

Pancakes

Zubereitungszeit: 15 Minuten

Schwierigkeitsgrad: leicht

Zutatenliste für 1 Portion:

50g Kokosmehl, 1/2 TL Backpulver, 2 EL Kokosöl geschmolzen, 4 Eier, 1 TL Vanille Extrakt, 1 TL Zimt, 150ml Kokosmilch, 100ml Mandelmilch, 1 Prise Salz, Kokosöl zum Braten

Zubereitung:

1. Die Zutaten zusammen vermischen und glatt rühren.

2. Das Öl in einer Pfanne erhitzen und die Pancakes darin ausbacken.

Porridge

Zubereitungszeit: 15 Minuten

Schwierigkeitsgrad: leicht

Zutatenliste für 1 Portion:

100ml Kokosmilch, 50ml Wasser, 3 EL geschrotete Leinsamen,

2 EL Kokosraspeln, 2 EL gemahlene Mandeln, 1 EL MCT ÖL,

20g Himbeeren, 20g Blaubeeren

Zubereitung:

1. Die Kokosmilch mit dem Wasser und dem Öl in einen Topf geben und erhitzen.

2. Die Beeren waschen und abtropfen lassen.

3. Die Leinsamen, Kokosraspeln sowie die Mandeln rein geben.

4. Unter ständigem Rühren alles aufkochen und 5 Minuten leicht köcheln lassen.

5. Das Porridge in eine Schale füllen und mit den Beeren bestreuen.

Keto Chia Over Night

Zubereitungszeit: 15 Minuten

Schwierigkeitsgrad: leicht

Zutatenliste für 4 Portionen:

100g Chia Samen, 600ml Milch, 400ml Kokosmilch, 1 Banane,
100g Himbeeren, 40g Mandelkerne, 40g Walnusskerne

Zubereitung:

1. Die Chiasamen mit der Kokosmilch sowie der normalen Milch über Nacht ziehen lassen.

2. Die Himbeeren waschen und abtropfen lassen.

3. Die Kerne klein hacken.

4. Die Banane schälen und in Scheiben schneiden.

5. Den Chia Quark mit dem Obst garnieren.

Apfel Zimt Riegel

Zubereitungszeit: 15 Minuten **Schwierigkeitsgrad:** leicht

Zutatenliste für 2 Portionen:

4 Eier, 1 Tasse Pekanüsse gemahlen, 50g Kokosfett,

1 Apfel gerieben, 2 TL Zimt, 1 TL Vanille Extrakt, 1 TL Xylit

Zubereitung:

1. Den Backofen auf 180°C Umluft vorheizen, eine Form einfetten.

2. Die gemahlenen Pekanüsse mit den Eiern und dem Kokosfett sowie dem Vanille Extrakt und dem Zimt vermischen.

3. Gießen Sie den Teig in Ihre Form und backen Sie diesen für 25 Minuten.

4. Den Teig etwas abkühlen lassen und zu Riegel schneiden.

Frühstücks Auflauf

Zubereitungszeit: 15 Minuten **Schwierigkeitsgrad:** leicht

Zutatenliste für 2 Portionen:

4 Bacon Scheiben, 1 Bund grüner Spargel, 2 EL Öl,

100g Cherry Tomaten, 6 Eier, 50g Feta, Salz, Pfeffer

Zubereitung:

1. Die Spargelstangen waschen und die Enden entfernen. Die Spargelstangen in die Auflaufform geben und mit dem Oliven Öl beträufeln.

2. Den Bacon auf den Spargel geben.

3. Die Kirschtomaten waschen und halbieren.

4. Den Feta würfeln.

5. Alles auf dem Spargel verteilen und bei 200°C Umluft für 7 Minuten backen.

6. Die Eier mit dem Salz und dem Pfeffer vermischen und über den Auflauf geben.

7. Den Auflauf weitere 20 Minuten backen.

Frühstückswaffel

Zubereitungszeit: 15 Minuten **Schwierigkeitsgrad:** leicht

Zutatenliste für 2 Portionen:

4 Eier, 4 EL Parmesan gerieben, 1 EL Butter, 3 EL Mandelmehl, 1 TL Backpulver, 1 EL Flohsamenschale, Salz, Pfeffer, oder wenn süß dann 1 TL Xylit und Vanille Aroma

Zubereitung:

1. Die Zutaten alle Zusammen in eine Schüssel geben und bei den süßen Waffeln Xylit und Vanille, bei den herzhaften Salz, Pfeffer dazu geben.

2. Den Teig zu einem glatten Teig rühren und nach und nach im Waffeleisen ausbacken.

Erdbeere Smoothie

Zubereitungszeit: 10 Minuten **Schwierigkeitsgrad:** leicht

Zutatenliste für 4 Portionen:

600ml Kokosmilch, 150g Erdbeeren TK, 1 Limette, 400ml Eiswürfel

Zubereitung:

1. Die Erdbeeren gefroren mit den anderen Zutaten in den Mixer geben.

2. Alles für 5 Minuten mixen.

Käse Rührei

Zubereitungszeit: 15 Minuten **Schwierigkeitsgrad:** leicht

Zutatenliste für 2 Portionen:

20g Käse gerieben, 2 Eier, Salz, Pfeffer, Muskat, 1 TL ÖL

Zubereitung:

1. Die Eier mit den Gewürzen vermischen.

2. Das Öl in einer Pfanne erhitzen und die Eier hineingeben. Die Eier anstocken lassen und mit einem Schaber zu Rührei rühren.

3. Den Käse darüber geben und mit anbraten.

Proof Kaffee

Zubereitungszeit: 5 Minuten **Schwierigkeitsgrad:** leicht

Zutatenliste für 1 Portion:

250ml Kaffee, 2 EL MCT ÖL, 2 EL Butter

Zubereitung:

1. Den Kaffee zubereiten und den Kaffee in einen Mixer geben.

2. Die Butter sowie das Öl hinzufügen und alles cremig mixen.

Ketobrot

Zubereitungszeit: 15 Minuten **Schwierigkeitsgrad:** leicht

Zutatenliste für 1 Portion:

250ml laues Wasser, 160g Leinsamenmehl,

50g Sonnenblumenkerne, 30g Flohsamenschalen, 3 Eier,

1 Päckchen Backpulver, 1 TL Anis, 1 TL Kurkuma,

1 TL Kreuzkümmel gemahlen, Salz

Zubereitung:

1. Die Eier in eine Schüssel geben und schaumig rühren.

2. Das Wasser hinzufügen und nochmals umrühren.

3. Nach und nach die trockenen Zutaten sowie die Gewürze hinzufügen. Alles gut verkneten.

4. Ein Backblech mit Backpapier auslegen und aus dem Teig einen Brotlaib formen. Den Laib mit einem Messer in der Mitte einschneiden.

5. Das Brot bei 180°C Umluft für 60 Minuten backen.

Avocado Ei

Zubereitungszeit: 15 Minuten **Schwierigkeitsgrad:** leicht

Zutatenliste für 1 Portion:

2 Eier, 1 Avocado, 2 Streifen Bacon, 1 Stängel Petersilie,

Pfeffer, Salz

Zubereitung:

1. Die Avocado halbieren und den Stein entfernen. Die Mulde des Steines etwas vergrößern, so dass ein Ei hinein passt.

2. Den Bacon in die Mulde geben und das Ei hinzufügen.

3. Das Ei und die Avocado mit Salz und Pfeffer würzen und bei 180°C Umluft für 20 Minuten backen.

4. Die Petersilie reinigen und abtropfen lassen, Die Petersilie klein hacken und über die Avocado geben.

Ketogenes Mittagessen

Carbonara

Zubereitungszeit: 20-25 Minuten **Schwierigkeitsgrad:** leicht

Zutatenliste für 2 Portionen:

2 Zucchini, 200ml Kokosmilch, 200g Räucherlachs, 1 Zwiebel,

1 EL Kokosfett, 1 TL Pfeilwurzelmehl, 1 Handvoll Petersilie gehackt,

Salz, Pfeffer

Zubereitung:

1. Die Zucchini waschen und die Enden entfernen, die Zucchini durch einen Spiral Schneider geben und zu Zoodles verarbeiten.

2. Die Zwiebel schälen und fein hacken.

3. Das Kokosöl erhitzen und die Zwiebel darin anbraten. Den Lachs dazu geben und mit andünsten.

4. Die Kokosmilch hinzufügen und die Pfeilwurzel einrühren. Die Zoodles hinzufügen und gut unterheben.

5. Alles für 3 Minuten garen und mit Salz, Pfeffer und der Petersilie bestreuen.

Lachs Salat

Zubereitungszeit: 15 Minuten **Schwierigkeitsgrad:** leicht

Zutatenliste für 4 Portionen:

4 Römerherzen, 4 Tomaten, 1 Zwiebel, 4 EL Balsamico, 6 EL Öl, Salz, Pfeffer, 400g Lachsfilet ohne Haut, 1 Bund Schnittlauch

Zubereitung:

1. Die Salatherzen in Streifen schneiden und waschen, die Streifen gut abtropfen lassen.

2. Die Tomaten waschen und vom Strunk trennen, die Tomaten in Viertel schneiden und diese Viertel in dünne Scheiben.

3. Die Zwiebel schälen und klein hacken.

4. Den Lachs in Streifen schneiden und in einer heißen Pfanne mit etwas Öl anbraten.

5. Den Schnittlauch waschen und abtropfen lassen, dann den Schnittlauch in feine Ringe schneiden.

6. Das Öl mit dem Balsamico und dem Pfeffer sowie dem Salz verrühren.

7. Die Zutaten zusammenfügen und das Dressing darüber geben.

Blumenkohl Taler

Zubereitungszeit: 15 Minuten **Schwierigkeitsgrad:** leicht

Zutatenliste für 2 Portionen:

400g Blumenkohl, 150g Parmesan gerieben, 2 Eier, 1 Prise Salz, Prise Pfeffer, Prise Muskat,

Zubereitung:

1. Den Blumenkohl reinigen und die äußeren Blätter sowie den Strunk entfernen.

2. Den Blumenkohl in Viertel schneiden. den Blumenkohl raspeln. Alles zusammen vermischen.

3. Den Blumenkohl auf einem Backblech mit Backpapier verteilen und zu 6 Taler anrichten.

4. Den Teig für 25 Minuten bei 200°C Umluft ausbacken.

Flammkuchen

Zubereitungszeit: 15 Minuten **Schwierigkeitsgrad:** leicht

Zutatenliste für 2 Portionen:

1 Blumenkohl, 4 Eier, 450g Frischkäse Vegan, 2 TL Kokosmehl,

1 TL Flohsamenschale, 1 Paprika Rot, 1 Zwiebel,

2 Lauchzwiebel, Salz, Pfeffer

Zubereitung:

1. Den Blumenkohl von den Blättern und dem Strunk befreien und den Blumenkohl durch eine Reibe reiben.

2. Die Eier das Kokosmehl, Flohsamenschale, Pfeffer und Salz hinzufügen und gut durchmengen.

3. Den Teig zu 2 Kugeln formen und auf einem Backblech mit Backpapier ausrollen. Den Boden bei 250°C Ober und Unterhitze für 25 Minuten backen.

4. Den Frischkäse cremig rühren.

5. Die Paprika waschen und den Strunk sowie die Kerne heraus lösen und die Paprika in Streifen schneiden.

6. Die Zwiebel schälen und in Ringe schneiden.

7. Die Lauchzwiebel vom Ende trennen und waschen, die Lauchzwiebel in Ringe schneiden.

8. Den Boden heraus nehmen mit dem Frischkäse bestreichen und belegen. Danach erneut 15 Minuten backen.

Spargelauflauf

Zubereitungszeit: 30 Minuten **Schwierigkeitsgrad:** leicht

Zutatenliste für 2 Portionen:

10 Stück Spargel weiß, 100g Blattspinat, 3 Tomaten,

10 Stück Parmaschinken Scheiben, 2 Eigelb, 50g Butter, 1 TL Salz,

1 TL Pfeffer, 1 Prise Chili, Prise Muskat

Zubereitung:

1. Den Spargel schälen und die holzigen Enden entfernen. Den Spargel im heißen Wasser für 7 Minuten bissfest kochen.

2. Eine Auflaufform einfetten und den Backofen auf 180°C Umluft vorheizen.

3. Den Spinat waschen und abtropfen lassen. Den Spinat zur Hälfte klein hacken und auf den Boden der Auflaufform geben.

4. Den Spargel darauf verteilen und mit dem Schinken sowie der anderen Hälfte des Spinats bedecken.

5. Die Tomaten waschen und den Strunk entfernen. Die Butter schmelzen und die Tomatenwürfel sowie die Eigelb hinzufügen. Mit Salz, Pfeffer und Chili würzen. Muskat darüber reiben.

6. Die Tomaten über die Spargelstangen geben und das Ganze für 15 Minuten im Ofen garen.

Fisch mit Orangenkruste

Zubereitungszeit: 30-45 Minuten **Schwierigkeitsgrad:** leicht

Zutatenliste für 2 Portionen:

400g weißer Fisch, 60g Macadamia Nüsse, 1 Bio Orange,2 EL Kokosöl, 1 Prise Salz, Pfeffer

Zubereitung:

1. Den Backofen Vorheizen auf 140°C Ober und Unterhitze. Eine Auflaufform bereitstellen und den Fisch in die Auflaufform legen.

2. Die Nüsse klein hacken und die Orange über eine Reibe geben und die Schale abreiben. Die Schale mit den gehackten Nüssen vermischen.

3. Die Orangen schälen und klein hacken. Das Fruchtfleisch ebenfalls zu den Nüssen geben. Das Kokosöl schmelzen und dazu geben, alles gut verrühren.

4. Den Fisch mit Salz und Pfeffer würzen und die Nussmischung darüber verteilen.

5. Den Fisch für 15-20 Minuten im Ofen garen.

Tomatensuppe mit Käsechip

Zubereitungszeit: 15 Minuten **Schwierigkeitsgrad:** leicht

Zutatenliste für 1 Portion:

60g Parmesan, 1 TL Chiliflocken, 1 EL Fenchelsamen,

1 Rote Paprika, 1 Zwiebel, 2 Stängel Basilikum, 3 EL Öl,

200g geschälte Tomaten. Dose, 250 ml Gemüsebrühe,

1 TL Rosmarin, Salz, Pfeffer

Zubereitung:

1. Den Parmesan fein reiben. Die Chiliflocken, den Fenchel und den Parmesan vermischen. Mit einem Esslöffel Kleckse auf ein Backblech mit Backpapier geben und diese bei 200°C Umluft für 4 Minuten backen.

2. Die Paprika waschen und den Strunk sowie die Kerne entfernen. Die Zwiebel schälen und klein hacken.

3. Das Basilikum waschen und abtropfen lassen, die Blätter und feinere Stiele klein hacken.

4. Das Öl erhitzen und die Zwiebel darin anbraten, die Paprika dazu geben und die Dose Tomaten ebenfalls.

5. Die Gemüsebrühe einrühren und mit den Gewürzen abschmecken.

6. Bei Bedarf mit einem Stabmixer pürieren.

Gefüllte Zucchini

Zubereitungszeit: 15 Minuten **Schwierigkeitsgrad:** leicht

Zutatenliste für 2 Portionen:

2 Zucchini, 300g Rinderhackfleisch, 1 EL Ghee, 1 Zwiebel, 1 Knoblauchzehe, 100ml Kokosmilch, 1 Prise Curry, 1 Prise Chili, 1 Handvoll Koriander, Salz Pfeffer

Zubereitung:

1. Die Zucchini waschen und die Enden entfernen, die Zucchini halbieren und mit einem Löffel die Kerne heraus lösen.

2. Das Hackfleisch in eine Schüssel geben und mit den Gewürzen sowie der Kokosmilch verkneten.

3. Die Zwiebel und die Knoblauchzehe schälen und klein hacken, beides ins Hackfleisch kneten.

4. Das Hackfleisch kurz anbraten und die Masse in die Zucchini geben.

5. Die Zucchini für 25-30 Minuten bei 180°C im Backofen garen.

Lammkeule

Zubereitungszeit: 15 Minuten **Schwierigkeitsgrad:** leicht

Zutatenliste für 2 Portionen:

500g Lammkeule, 3 Knoblauchzehen, 20g Rosmarin gehackt,

2 EL Kokosöl, Salz, Pfeffer,

Zubereitung:

1. Die Lammkeule in Kokosöl anbraten - für 2 Minuten von jeder Seite - und in eine Auflaufform legen. Den Backofen auf 180°C Umluft vorheizen.

2. Den Knoblauch schälen und klein hacken. Den Knoblauch mit dem Rosmarin und dem Kokosöl anbraten.

3. Die Rosmarin-Mischung auf die Lammkeulen legen und alles für 10 Minuten in den Ofen geben.

Lauchsuppe

Zubereitungszeit: 15 Minuten **Schwierigkeitsgrad:** leicht

Zutatenliste für 1 Portion:

1 Stange Lauch, 1 Zwiebel, 200g Rinderhack, 50ml Rinderbrühe, 400ml Kokosmilch, 1 TL Kokosöl, Salz, Pfeffer

Zubereitung:

1. Die Zwiebel schälen und klein hacken.

2. Den Lauch in feine Ringe schneiden und waschen, gut abtropfen lassen.

3. Die Lauchringe mit den Zwiebeln in dem Kokosöl anbraten und das Hackfleisch hinzufügen, alles würzen.

4. Die Kokosmilch mit der Brühe hinzugeben und aufkochen lassen. Alles für 10 Minuten köcheln lassen.

Kha Gai Suppe

Zubereitungszeit: 15 Minuten **Schwierigkeitsgrad:** leicht

Zutatenliste für 2 Portionen:

400g Hühnerbrust, 150g Champignon braun, 1 Rote Paprika,

1/2 Bund Frühlingszwiebel, 3 Knoblauchzehen,

1 Daumenstück Ingwer, 2 Chili, 1 Saft einer Limette,

1 Liter Hühnerbrühe, 200ml Kokosmilch, 1 EL Kokosöl, Salz, Pfeffer,

3 Zitronengras Stängel

Zubereitung:

1. Die Hühnerbrust in kleine Stücke schneiden.

2. Die Champignons mit einem feuchten Tuch reinigen und in Scheiben schneiden.

3. Die Paprika waschen und den Strunk mit Kernen entfernen, die Paprika in feine Streifen schneiden und diese halbieren.

4. Das Zitronengras und die Frühlingszwiebeln waschen und klein hacken.

5. Den Ingwer und den Knoblauch schälen und klein hacken.

6. Den Ingwer, Knoblauch, Zitronengras, Zwiebeln für 2 Minuten anbraten und das Hühnerfleisch hinzufügen. Gut anbraten.

7. Die Paprika und die Champignons dazufügen und die Flüssigkeiten darüber geben. Alles gut verrühren und würzen.

8. Die Suppe 15 Minuten leicht köcheln lassen.

Rindfleischpfanne

Zubereitungszeit: 15 Minuten **Schwierigkeitsgrad:** leicht

Zutatenliste für 2 Portionen:

500g´Rinderfleisch, 700g Brokkoli, 1 Gemüsezwiebel,

3 Knoblauchzehen, 1 TL Ingwer, 1/2 Peperoni, 4 EL Sesamöl,

50g Sesamkörner, Salz, Pfeffer, 2 EL Kokosöl

Zubereitung:

1. Den Brokkoli waschen und in kleine Stücke schneiden, den Brokkoli im heißen Wasser balancieren.

2. Das Rindfleisch in dünne Streifen schneiden.

3. Die Peperoni waschen und vom Strunk trennen, die Peperoni klein hacken.

4. Den Ingwer mit dem Knoblauch schälen und beides klein hacken. Das Rindfleisch mit Ingwer und Knoblauch sowie der Peperoni in eine Pfanne mit heißen Kokosöl geben und anbraten.

5. Den Brokkoli und das Sesamöl hinzufügen und kurz köcheln lassen. Mit den Gewürzen sowie den Sesamsamen versehen.

Zucchini mit Lachs

Zubereitungszeit: 15 Minuten **Schwierigkeitsgrad:** leicht

Zutatenliste für 1 Portion:

1 Zucchini, 1 Stück Wildlachs, 100ml Kokosmilch, 1 Frühlingsrolle,

1 Knoblauchzehe, 1 TL Apfelessig, 1/2 Limette, Dill,

2 TL Öl, Salz, Pfeffer

Zubereitung:

1. Die Zucchini waschen und die Enden entfernen, durch einen Spiralschneider zu Nudeln schneiden.

2. Die Frühlingszwiebel waschen und in feine Ringe schneiden.

3. Den Knoblauch schälen und fein hacken. Den Knoblauch mit dem Öl in einer Pfanne anrösten.

4. Den Wildlachs mit dem Saft der Limette beträufeln, salzen und pfeffern und mit in die Pfanne geben. Den Lachs anbraten.

5. Die Kokosmilch und den Apfelessig hinzufügen und alles ablöschen. Die Zucchini Nudeln ebenfalls hinzufügen und alles für 5 Minuten köcheln lassen.

Ketogenes Abendessen

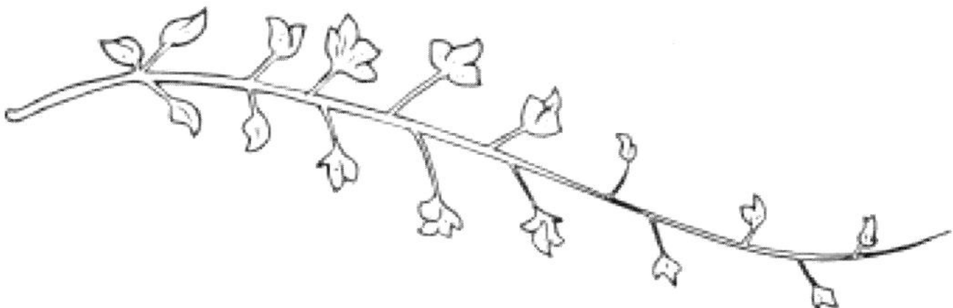

Gemüseauflauf

Zubereitungszeit: 20 Minuten **Schwierigkeitsgrad:** leicht

Zutatenliste für 4 Portionen:

1 Zucchini, 1 Aubergine, 8 getrocknete Tomaten,

150g Oliven entkernt, 4 El Öl, 2 Knoblauchzehen, 1 rote Zwiebel,

400ml passierte Tomaten, 3 EL Zitronensaft,

1 EL Kräuter der Provence, 1 TL Salz

Zubereitung:

1. Die Zucchini und die Aubergine waschen und in Scheiben schneiden.

2. Die Zwiebel und die Knoblauchzehen schälen und mit den getrockneten Tomaten klein hacken.

3. Die Oliven in Scheiben schneiden.

4. Die passierten Tomaten mit dem Zitronensaft und den klein gehackten Zwiebel, Knoblauch und Tomaten zu einer Soße pürieren. Die Gewürze und Kräuter untermischen.

5. Eine Auflaufform mit Öl auswischen und die Zucchini sowie die Aubergine hineingeben. Dazwischen immer ein paar Oliven streuen und mit der Soße übergießen.

6. Den Auflauf für 90 Minuten bei 180°C Umluft backen.

Roastbeef

Zubereitungszeit: 90 Minuten **Schwierigkeitsgrad:** leicht

Zutatenliste für 6 Portionen:

1,5 Kg Roastbeef, 1 EL Salz, 2 EL Pfeffer schwarz, Öl,

2 Zweige Rosmarin

Zubereitung:

1. Die Gewürze mit dem Öl vermischen.

2. Das Roastbeef auf Zimmertemperatur mit den Gewürzen einreiben und auf der fettigen Seite scharf anbraten.

3. Das Roastbeef auf ein Backblech mit Backpapier setzen und für ca. 60-70 Minuten im Backofen bei 100°C Ober und Unterhitze garen.

Spinat mit Pinienkernen

Zubereitungszeit: 15 Minuten **Schwierigkeitsgrad:** leicht

Zutatenliste für 2 Portionen:

300g Spinat frisch, 2 Handvoll Pinienkerne, 4 Knoblauchzehen,

4 EL Öl, 1 Prise Salz, 1 Prise Pfeffer

Zubereitung:

1. Die Knoblauchzehen schälen und klein hacken.

2. Die Knoblauchzehen mit dem Öl in die Pinienkerne in einer Pfanne anrösten.

3. Den Spinat waschen und abtropfen lassen.

4. Den Spinat in die Pfanne geben und alles würzen.

Lachs mit Spargel

Zubereitungszeit: 30 Minuten **Schwierigkeitsgrad:** leicht

Zutatenliste für 3 Portionen:

3 Lachsfilet a 150g, 15 Stangen Spargel grün, 3 Handvoll Spinat, 5 EL Öl, 1 TL Salz, 1 TL Pfeffer, 3 Eigelb, 1/2 Zitrone, 1 Zwiebel, 125g Butter

Zubereitung:

1. Den Spargel reinigen und die holzigen Enden entfernen, die Stangen halbieren.

2. Den Spargel mit 2 EL Öl anbraten und mit Salz und Pfeffer würzen. Den Spargel auf ein Backblech mit Backpapier legen.

3. Den Lachs im Öl von beiden Seiten anbraten und zu dem Spargel legen. Beides bei 180°C Umluft in den Ofen geben und für 10 Minuten garen.

4. Die Zitrone auspressen. Die Zwiebel schälen und klein hacken.

5. Die Eigelb mit der Zwiebel und dem Zitronensaft sowie Salz und Pfeffer vermixen.

6. Die Butter schmelzen und zu dem Gemixten hinzufügen und solange mixen bis sich die Soße andickt.

7. Den Lachs mit dem Spargel auf einem Teller anrichten und die Soße darüber träufeln.

Flammkuchen mit Hüttenkäse

Zubereitungszeit: 15 Minuten **Schwierigkeitsgrad:** leicht

Zutatenliste für 1 Portion:

1 Ei, 70g Gouda, 70g Körniger Frischkäse, 50g Baconwürfel,

50g Creme Fraiche, 1 Frühlingszwiebel, 10g Mandelmehl

Zubereitung:

1. Den Backofen auf 180°C Umluft vorheizen.

2. Das Ei mit dem Hüttenkäse und dem Mandelmehl vermischen.

3. Den Teig auf ein Backblech mit Backpapier streichen und für 20 Minuten backen.

4. Die Frühlingszwiebel in Ringe schneiden, waschen und abtropfen lassen.

5. Den Teig aus dem Ofen nehmen und die Creme Fraiche darauf verstreichen. Die Baconwürfel sowie die Frühlingszwiebeln darauf geben und nochmals für 5 Minuten in den Ofen geben.

Ofen Dorade

Zubereitungszeit: 15 Minuten **Schwierigkeitsgrad:** leicht

Zutatenliste für 2 Portionen:

2 Doraden küchenfertig, 1 Zitrone, 2 Stiele Rosmarin, 2 EL Öl

Zubereitung:

1. Die Doraden außen sowie innen abwaschen und mit Küchenpapier abtupfen.

2. Die Zitrone in Scheiben schneiden und die Scheiben mit dem Rosmarin die Doraden legen.

3. Die Doraden mit Öl bestreichen.

4. Den Backofen auf 180°C Umluft vorheizen und die Doraden für 15-20 Minuten garen.

Zucchini Lasagne

Zubereitungszeit: 20 Minuten **Schwierigkeitsgrad:** leicht

Zutatenliste für 2 Portionen:

1 EL Ghee, 500g Rinderhack, 3 Scheiben Bacon, 2 Zwiebel,

3 Knoblauchzehen, 1 EL Italienische Kräuter TK, 1 TL Honig,

50ml Kokosmilch, 400ml passierte Tomaten,

2 Zucchini, Salz, Pfeffer

Zubereitung:

1. Die Zucchini waschen und die Enden entfernen. Die Zucchini in Streifen schneiden.

2. Die Knoblauchzehen und die Zwiebel schälen und klein hacken.

3. Das Hackfleisch mit dem Knoblauch und der Zwiebel in Ghee anbraten und mit den Gewürzen und dem Honig versehen. Die passierten Tomaten, Kokosmilch dazugeben und kurz mit aufkochen lassen.

4. Ein paar Zucchini in Streifen in eine Auflaufform geben, Hackfleisch darüber geben und so weiter schichten. Die obere Schicht sollte Zucchini und die Baconscheiben sein.

5. Die Auflaufform bei 180°C Umluft für 20 Minuten backen.

Hühnerbrust mit Pesto

Zubereitungszeit: 30 Minuten

Schwierigkeitsgrad: leicht

Zutatenliste für 3 Portionen:

3 Hühnerbrustfilets, 100ml Zitronensaft, 1 EL Ghee,

1 Knoblauchzehe, 2 cm Ingwer, 2 Handvoll Petersilie, 100ml Öl,

1/2 Chili, 1 Handvoll Koriander, 40g Cashew Nüsse,

1 TL Salz, Pfeffer

Zubereitung:

1. Die Petersilie waschen und abtropfen lassen. Die Chili waschen und den Strunk entfernen. Den Koriander waschen und abtropfen lassen. Den Knoblauch schälen. Den Ingwer schälen.

2. Die Petersilie, Koriander, Nüsse, Knoblauch, Ingwer, Chili und das Öl in einen Mixer geben und pürieren. Mit Salz und etwas Zitronensaft abschmecken.

3. Das Hähnchenbrustfilet abwaschen und abtupfen, salzen und pfeffern.

4. Das Hähnchen im Ghee scharf anbraten und mit dem Rest Zitronensaft ablöschen. Den Deckel auf die Pfanne geben und zugedeckt für 15 Minuten schmoren.

5. Das Fleisch aus dem Sud nehmen und mit dem Pesto sowie dem Zitronen Ghee aus der Pfanne beträufeln.

Schoko con Carne

Zubereitungszeit: 15 Minuten

Schwierigkeitsgrad: leicht

Zutatenliste für 2 Portionen:

2 EL Kokosöl, 1 Zwiebel, 3 Knoblauchzehen, 1 Chili,

500g Hackfleisch, 2 TL Oregano, 3 EL Rohkakao, 2 TL Salz,

2 TL Pfeffer, 500g passierte Tomaten, 400g würfelte Tomaten Dose,

200ml Rinderbrühe, 1 Süßkartoffel, 2 Zucchini

Zubereitung:

1. Die Zwiebel und die Knoblauchzehen schälen und klein hacken. Die Chili waschen und den Strunk entfernen, die Chili klein hacken.

2. Die Zwiebel, Knoblauch und die Chili mit dem Kokosöl anbraten. Das Hackfleisch dazugeben und durchbraten. Mit den Gewürzen und dem Kakao würzen.

3. Die passierten Tomaten sowie die Rinderbrühe unterrühren und 15 Minuten köcheln lassen.

4. Die Süßkartoffel schälen und in Würfel schneiden. Die Würfel in die Soße geben. Das ganze für 1 Stunde köcheln lassen.

5. Die Zucchini waschen und die Enden entfernen, die Zucchini in Würfel schneiden und kurz vor Ende für 15 Minuten mit garen.

Avocado Salat

Zubereitungszeit: 15 Minuten **Schwierigkeitsgrad:** leicht

Zutatenliste für 2 Portionen:

2 Avocados, 1 Mango, 4 EL Kürbiskerne, 2 EL Limettensaft,

4 EL Koriander, Salz, Pfeffer, Chiliflocken

Zubereitung:

1. Die Avocado halbieren, den Stein herauslösen und das Fruchtfleisch in Würfel schneiden.

2. Die Mango schälen und den Stein herauslösen, das Fruchtfleisch in Würfel schneiden.

3. Beides zusammen in eine Schüssel geben und mit dem Öl sowie dem Limettensaft vermischen.

4. Nach Bedarf würzen.

Puffer mit Pesto

Zubereitungszeit: 15 Minuten **Schwierigkeitsgrad:** leicht

Zutatenliste für 1 Portion:

Pesto: 20g Parmesan, 2 Stängel Basilikum,

50g getrocknete Tomaten im Öl, 20g Pinienkerne, 1 Knoblauchzehe,

4 EL Öl, Salz, Pfeffer

Puffer: 50g Parmesan, 1 Zucchini,, 1 Möhre, 1 Ei,

1 TL Flohsamenschalenpulver, Salz, Pfeffer

Zubereitung:

1. Die Stängel Basilikum waschen und abtropfen lassen. Die Knoblauchzehe schälen.

2. Die Zutaten für das Pesto in einen Mixer geben und gut pürieren.

3. Für die Puffer den Parmesan reiben.

4. Die Zucchini waschen und die Enden entfernen, die Zucchini raspeln.

5. Die Möhre waschen und ebenfalls raspeln. Die Möhre und die Zucchini in einem sauberen Tuch gut auspressen.

6. Die Zutaten miteinander verkneten und 5 Minuten quellen lassen. Die Masse in Klecksen auf ein Backblech geben und bei 200°C ca. 20 Minuten backen.

Blumenkohlreis

Zubereitungszeit: 15 Minuten **Schwierigkeitsgrad:** leicht

Zutatenliste für 8 Portionen:

1 Blumenkohl, Prise Muskat, Prise Salz, Prise Pfeffer

Zubereitung:

1. Den Blumenkohl waschen und abtropfen lassen.

2. Die äußeren Blätter entfernen und den Stiel herausschneiden.

3. Den Blumenkohl über einer Reibe zerkleinern.

4. Den Blumenkohlreis würzen und roh sowie gekocht verzehren.

Steaks

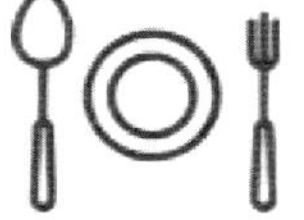

Zubereitungszeit: 15 Minuten **Schwierigkeitsgrad:** leicht

Zutatenliste für 2 Portionen:

2 Entrecote Steaks, 2 EL Öl, Salz, Pfeffer

Zubereitung:

1. Die Steaks mit dem Öl und den Gewürzen einreiben.

2. Eine Grillpfanne erhitzen und die Steaks je nach Dicke 2-3 Minuten von jeder Seite garen.

Sellerie Schnitzel

Zubereitungszeit: 15 Minuten **Schwierigkeitsgrad:** leicht

Zutatenliste für 2 Portionen:

1 Sellerie Knolle, 2 EL Kokosöl, 100g Mandelsplitter

Zubereitung:

1. Den Knollensellerie schälen und in 8 Scheiben teilen.

2. Den Knollensellerie mit dem Kokosöl ca. 3 Minuten von beiden Seiten anbraten.

3. Die Schnitzel aus der Pfanne nehmen und die Mandeln in einer beschichteten Pfanne rösten.

4. Beides Zusammen auf einem Teller anrichten.

Fisch Ceviche

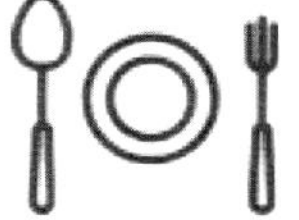

Zubereitungszeit: 15 Minuten **Schwierigkeitsgrad:** leicht

Zutatenliste für 2 Portionen:

250g Goldbarsch, 2 Zitronen, 2 Schalotten, 1 Chili, Salz, Pfeffer

Zubereitung:

1. Die Fische in Streifen schneiden und in einen tiefen Teller legen. Salz und Pfeffer darüber geben.

2. Die Zitronen auspressen und den Saft darüber verteilen.

3. Die Schalotten schälen und in Ringe schneiden. Die Chili vom Strunk trennen und klein hacken.

4. Beides mit dem Fisch vermischen und für 2 Stunden in den Kühlschrank geben. Dieser Vorgang ist wichtig, damit die Säure der Zitrone den Fisch gart.

Kokossuppe

Zubereitungszeit: 15 Minuten **Schwierigkeitsgrad:** leicht

Zutatenliste für 1 Portion:

400ml Rinderbrühe, 200ml Kokosmilch, 100g Shrimps, 100g Champignons, 1 Stange Zitronengras, 1 Bund Koriander, 1 Chili, 20g Ingwer gerieben, 1 Prise Salz

Zubereitung:

1. Die Zitronengrasstange schälen und klein hacken.

2. Den Koriander waschen und abtropfen lassen, den Koriander klein hacken.

3. Die Chili waschen und hacken.

4. Die Chili, das Zitronengras, den Koriander und das Öl in einen Topf geben und anbraten. Die Shrimps hinzufügen und mit der Brühe sowie der Kokosmilch ablöschen.

5. Die Champignons mit einem feuchten Tuch reinigen und in Scheiben schneiden. Die Scheiben der Champignons hinzugeben und alles 10 Minuten köcheln lassen.

Puten Geschnetzeltes

Zubereitungszeit: 20-30 Minuten **Schwierigkeitsgrad:** leicht

Zutatenliste für 2 Portionen:

500g Putenbrust, 200ml Sahne, 400g Champignons,

100ml trockener Weißwein, 1 TL Paprika Edelsüß,

1/2 TL Guarkernmehl, Salz, Pfeffer, 1 Salatgurke, 100ml Sahne,

1 EL Zitronensaft, Dill

Zubereitung:

1. Die Gurke schälen und die Enden entfernen, die Gurke über einen Hobel in dünne Scheiben schneiden. Salz darüber streuen und die Gurken kurz ziehen lassen.

2. Die 100 ml Sahne mit dem Zitronensaft und dem Dill sowie Pfeffer vermischen. Die Gurken auspressen und in die Soße geben.

3. Die Putenbrust in feine Streifen schneiden.

4. Die Champignons mit einem feuchten Tuch reinigen und in Scheiben schneiden.

5. Die Putenbrust sowie die Champignons in einer heißen Pfanne anbraten und würzen. Die Pfanne mit dem Weißwein und der Sahne ablöschen und 5-10 Minuten köcheln lassen. Das Guarkernmehl hinzugeben und alles gut verrühren.

Ketogener Nachtisch

Waffeln

Zubereitungszeit: 15 Minuten **Schwierigkeitsgrad:** leicht

Zutatenliste für 1 Portion:

4 Eier, 1 EL Butter, 120g Frischkäse vegan, 1 EL Mandelmilch, 2 TL Vanille Aroma, 4 EL Kokosmehl, 1 Päckchen Backpulver, 1/2 TL Zimt

Zubereitung:

1. Die Eier in eine Schüssel geben und schaumig rühren, den Frischkäse, Vanille und Zimt hinzufügen und gut verrühren.

2. Die Butter erwärmen und ebenfalls unterrühren.

3. Das Backpulver und das Kokosmehl langsam hinzufügen und ständig rühren. Den Teig 10 Minuten quellen lassen und die Waffeln in einem Waffeleisen ausbacken.

Kokos Curd

Zubereitungszeit: 15 Minuten **Schwierigkeitsgrad:** leicht

Zutatenliste für 2 Portionen:

200ml Kokosmilch, 4 Eier, 1 Prise Flohsamenschalenpulver,

2 EL Kokosmehl, 1 Prise Vanille Aroma, 1/2 TL Zimt, Prise Salz,

4 TL kalte Butter, 100g Himbeeren, 1 EL Kokosraspel

Zubereitung:

1. Die Eier mit der Kokosmilch und den Flohsamen sowie 100ml warmes Wasser schnell verrühren.

2. Das Kokosmehl, Vanille, Zimt und Prise Salz dazugeben und zu einer Masse verrühren.

3. Die Masse über einem Wasserbad erhitzen und für 10 Minuten unter ständigem Rühren aufkochen.

4. Die Himbeeren waschen und abtropfen lassen.

5. Die Kokoscreme vom Wasserbad nehmen und die kalte Butter einrühren. Die Massmit Frischhaltefolie abdecken und im Kühlschrank abkühlen lassen.

6. Die Himbeeren darauf verteilen und schmecken lassen.

Käsekuchenkugel

Zubereitungszeit: 15 Minuten **Schwierigkeitsgrad:** leicht

Zutatenliste für 1 Portion:

120g Mandelmehl, 4 EL Rohkakao, 2 EL Xylit, 1 TL Backpulver,

1 EL geschrotete Leinsamen, 1 EL Kokosöl, 1 TL Vanille Backaroma,

120ml Mandelmus, 250ml Frischkäse auf Mandelbasis,

1 EL Primal Sweet, 1 Prise Salz

Zubereitung:

1. Die Leinsamen mit dem Kakaopulver sowie dem Mandelmehl und dem Primal Sweet, Backpulver und Salz in einer Schüssel vermischen. Das Öl hinzufügen und alles gut verkneten.

2. Aus dem Teig kleine Bälle formen. diese auf ein Backblech mit Backpapier geben und bei 180°C Umluft für 12-15 Minuten backen. Den Teig auskühlen lassen und zerbröseln.

3. Den Frischkäse mit dem Mandelmus verrühren.

4. Die Hälfte der Brösel hinzufügen und erneut Bälle formen. Die Bälle in der anderen Hälfte der Brösel wälzen bis sie komplett bedeckt sind.

Bount Kuchen

Zubereitungszeit: 15 Minuten **Schwierigkeitsgrad:** leicht

Zutatenliste für 1 Portion:

230ml Kokosmilch, 3 EL Xylit, 4 Eier, 1 TL Backpulver,

1 TL Vanille Extrakt, 180g Kokosraspeln,

70g dunkle Schokolade, 30ml Kokosöl

Zubereitung:

1. Die Eier schaumig schlagen, die Kokosmilch das Backpulver, Xylit und die Kokosflocken unterheben.

2. Eine Form mit Backpapier auslegen und die Masse hineingeben. Den Kuchen für 25 Minuten bei 180°C Umluft backen.

3. Den Kuchen abkühlen lassen.

4. Die Schokolade schmelzen und über dem Kuchen verteilen.

Ketoball

Zubereitungszeit: 15 Minuten **Schwierigkeitsgrad:** leicht

Zutatenliste für 16 Bälle:

150g Nüsse gehackt, 200g Kokosflocken, 80g Butter, 50g Rohkakao,

50g Whey, 1 TL Vanille Aroma, 3 TL kaltes Wasser, 100ml Kokosöl,

1 TL Zimt, Prise Salz

Zubereitung:

1. Die gehackten Nüsse mit den restlichen Zutaten zu einem Teig verkneten.

2. Die Bälle daraus formen und auf einen Teller geben.

3. Die Bälle für 1 Stunde in den Kühlschrank stellen.

Kokosriegel

Zubereitungszeit: 15 Minuten **Schwierigkeitsgrad:** leicht

Zutatenliste für 1 Portion:

100g Kokosflocken, 100ml Kokosmilch, 100g Zartbitter Schokolade,

25g Eiweißpulver, 1 TL Xylit

Zubereitung:

1. Die Kokosmilch mit dem Xylit und dem Eiweißpulver cremig rühren.

2. Die Kokosflocken unterheben und zu einer festen Masse verkneten. 30 Minuten in den Kühlschrank geben.

3. Den Teig heraus nehmen und Riegel formen.

4. Die Schokolade schmelzen und die Schokolade nach Belieben über die Riegel geben.

5. Die Riegel nun nochmals für 30 Minuten in den Kühlschrank geben bis die Schokolade trocken ist.

Tassenkuchen

Zubereitungszeit: 15 Minuten **Schwierigkeitsgrad:** leicht

Zutatenliste für 1 Portion:

1 Ei, 3 EL Mandelmilch, 2 EL Kokosmehl, 1 EL Birkenzucker, 1/2 TL Backpulver, 1 Prise Salz

Zubereitung:

1. Das Kokosmehl mit dem Birkenzucker sowie dem Salz und dem Backpulver in eine Tasse geben und mischen.

2. Das Ei mit der Milch verrühren und dazu geben.

3. Alles gut durchrühren und für 3 Minuten in die Mikrowelle geben.

Bulletproof Gummies

Zubereitungszeit: 15 Minuten **Schwierigkeitsgrad:** leicht

Zutatenliste für 50 Stück:

250ml frischer gekochter Kaffee, 1 EL Butter,

1 EL Kokosöl, 1 Stück Gelatine

Zubereitung:

1. Die Gelatine in kaltem Wasser anrühren und quellen lassen.

2. Den Kaffee aufbrühen.

3. Den Kaffe mit der Butter und dem Öl sowie der Gelatine in den Mixer geben und schaumig mixen.

4. Den Kaffee in eine Pralinenform geben und 4 Stunden in den Kühlschrank stellen.

Schnitte

Zubereitungszeit: 30-45 Minuten **Schwierigkeitsgrad:** leicht

Zutatenliste für 1 Portion:

3 EL heißes Wasser, 200g Mascarpone, 250g Sahnequark,

5 EL Orangensaft, 5 EL Zitronensaft, 3 EL kaltes Wasser,

15g Gelatine gemahlen, 200g Sahne,

125g Brownie Mischung Low Carb, 6 Eier

Zubereitung:

1. Die Eier aufschlagen und schaumig rühren, die Backmischung hinzufügen und unterheben. Solange rühren bis ein glatter Teig entsteht.

2. Die 3 EL heißes Wasser hineingeben.

3. Den Teig auf einem Backblech mit Backpapier verstreichen und im vorgeheizten Ofen 180°C Umluft für ca 12-15 Minuten backen.

4. Die Mascarpone mit dem Sahnequark verrühren.

5. Die Gelatine ins kalte Wasser geben und mit dem Saft der Orange sowie der Zitrone 5 Minuten quellen lassen. Die Gelatine langsam erwärmen bis sie aufgelöst ist.

6. Die Quarkmasse mit 1 Esslöffel der Gelatine verrühren und die Gelatine in den Quark geben. Alles gut unterheben.

7. Die Sahne steif schlagen und ebenfalls unter die Creme heben.

8. Den Teig herausnehmen und abkühlen lassen, den Teig halbieren und eine Hälfte mit der Creme bedecken. Die andere Teighälfte als Deckel obendrauf geben und alles für 2 Stunden im Kühlschrank ruhen lassen.

Ketogene Snacks

Gummibärchen ohne Zucker

Zubereitungszeit: 15 Minuten **Schwierigkeitsgrad:** leicht

Zutatenliste für 30 Gummibärchen:

150g Kirschen TK, 120ml Zitronensaft frisch, 50g Gelatine, 1 EL Xylit

Zubereitung:

1. Die Kirschen auftauen lassen und mit dem Zitronensaft im Mixer pürieren.

2. Den Saft in einen Kochtopf geben und aufkochen.

3. Den Topf von der Platte nehmen und Xylit sowie die Gelatine hinzufügen und umrühren bis es sich aufgelöst hat.

4. Die Masse in Formen ihrer Wahl füllen, die Formen für 2 Stunden in den Kühlschrank geben.

Bacon Sticks

Zubereitungszeit: 15 Minuten **Schwierigkeitsgrad:** leicht

Zutatenliste für 2 Portionen:

2 Avocado, 2 Packungen Bacon

Zubereitung:

1. Die Avocado halbieren und den Stein herauslösen.

2. Das Fruchtfleisch aus der Schale lösen und in Streifen schneiden.

3. Um jeden Avocadostreifen Bacon wickeln.

4. Die Avocado-Bacon-Streifen in einer heißen Pfanne knusprig braten.

Schokopralinen

Zubereitungszeit: 15 Minuten **Schwierigkeitsgrad:** leicht

Zutatenliste für 1 Portion:

1/2 Tasse Kakaobutter, 1/2 Kokosöl, 1 TL Vanille Extrakt,

1/2 Tasse Rohkakao, 1 Prise Salz, 1 TL Xylit, 50g gehackte Mandeln

Zubereitung:

1. Die Kakaobutter und das Kokosöl erhitzen und schmelzen. Das Kakaopulver, Vanille Extrakt und Xylit sowie die Prise Salz einrühren.

2. Die gehackten Mandeln in die Form Ihrer Wahl füllen und die geschmolzene Schokolade darüber geben.

3. Alles für 1 Stunde ins Gefrierfach.

Weißkohlspalten

Zubereitungszeit: 15 Minuten **Schwierigkeitsgrad:** leicht

Zutatenliste für 1 Portion:

1 Weißkohl, 4 EL Öl, Salz, Pfeffer, 1 EL Honig, 2 Knoblauchzehen, 400g Feta, 250g Speisequark, 1 EL Kräutermix TK

Zubereitung:

1. Den Speisequark mit dem Feta und den Kräutern verrühren.

2. Die Knoblauchzehen schälen und durch eine Presse in die Fetacreme geben. Alles zu einer glatten Creme verrühren.

3. Den Weißkohl reinigen, die äußeren Blätter entfernen und den Weißkohl in Viertel schneiden.

4. Die Viertel vom Strunk lösen und in 2cm Dicke Scheiben schneiden. Die Weißkohlscheiben auf ein Backblech mit Backpapier legen.

5. Das Öl mit dem Honig mischen und darüber träufeln. Die Scheiben für 20 Minuten bei 180°C Umluft backen.

Pommes

Zubereitungszeit: 15 Minuten **Schwierigkeitsgrad:** leicht

Zutatenliste für 1 Portion:

2 Süßkartoffeln, Prise Salz, Prise Pfeffer, Prise Muskat,

Prise Paprikapulver edelsüß, 1 EL Kürbiskernöl

Zubereitung:

1. Die Süßkartoffeln waschen und trockenreiben.

2. Die Süßkartoffeln in ca. 1cm dicke Streifen schneiden.

3. Die Streifen mit dem Öl und den Gewürzen vermischen und die Streifen auf ein mit Backpapier belegtes Backblech geben.

4. Die Pommes für 20 Minuten bei 210°C.

Kekse

Zubereitungszeit: 15 Minuten **Schwierigkeitsgrad:** leicht

Zutatenliste für 1 Portion:

100g Mandelmehl, 30g Kokosmehl, 1 Ei, 150g Primal Sweet,

1 TL Backpulver, 6 EL Kokosöl fest, 6 EL Mandelmus ohne Zucker,

1 TL Vanille Aroma, 213g Zartbitter Schokolade, 1 Prise Salz

Zubereitung:

1. Das Primal Sweet mit dem Öl verrühren und die Mandelbutter sowie das Vanille Extrakt einrühren.

2. Die Mehlsorten unter Rühren hinzufügen und alles gut vermischen.

3. Die Schokolade mit einer Reibe raspeln und unterheben.

4. Den Teig zu Bällen formen und mit Abstand auf einem Backblech mit Backpapier anordnen.

5. Die Plätzchen für 12-15 Minuten bei 18°C Umluft backen.

*180°

Haftungsausschluss

Die Umsetzung aller enthaltenen Informationen, Anleitungen und Strategien dieses Buches erfolgt auf eigenes Risiko. Für etwaige Schäden jeglicher Art kann der Autor aus keinem Rechtsgrund eine Haftung übernehmen. Für Schäden materieller oder ideeller Art, die durch die Nutzung oder Nichtnutzung der Informationen bzw. durch die Nutzung fehlerhafter und/oder unvollständiger Informationen verursacht wurden, sind Haftungsansprüche gegen den Autor grundsätzlich ausgeschlossen. Ausgeschlossen sind daher auch jegliche Rechts- und Schadenersatzansprüche. Dieses Werk wurde mit größter Sorgfalt nach bestem Wissen und Gewissen erarbeitet und niedergeschrieben. Für die Aktualität, Vollständigkeit und Qualität der Informationen übernimmt der Autor jedoch keinerlei Gewähr. Auch können Druckfehler und Falschinformationen nicht vollständig ausgeschlossen werden. Für fehlerhafte Angaben des Autors kann keine juristische Verantwortung sowie Haftung in irgendeiner Form übernommen werden.

Urheberrecht

1. Auflage

Kontakt: JT-Handels-UG/ Berumer Str. 44/ 26844 Jemgum